François CHARLES

Management individuel Tome 2

François CHARLES

Management individuel Tome 2

Booklet mémo

Éditions Vie

Imprint
Any brand names and product names mentioned in this book are subject to trademark, brand or patent protection and are trademarks or registered trademarks of their respective holders. The use of brand names, product names, common names, trade names, product descriptions etc. even without a particular marking in this work is in no way to be construed to mean that such names may be regarded as unrestricted in respect of trademark and brand protection legislation and could thus be used by anyone.

Cover image: www.ingimage.com

Publisher:
Éditions Vie
is a trademark of
Dodo Books Indian Ocean Ltd., member of the OmniScriptum S.R.L Publishing group
str. A.Russo 15, of. 61, Chisinau-2068, Republic of Moldova Europe
Printed at: see last page
ISBN: 978-620-2-49569-1

MANAGEMENT INDIVIDUEL TOME 2

NOVIAL

facilitation stratégique et opérationnelle
coaching - team building - conseil – formation
entrainement individuel - dynamique des équipes
optimisation des processus et des performances

COACH & MANAGEMENT Individuel
(CM I)

1 Coach & management individuel CM1  ® *facilitation en stratégie, management et développement personnel* 

François CHARLES

INTRODUCTION

Ce booklet mémo© NOVIAL INSTITUTE va vous donner ou redonner accès à certains outils de management individuel utiles à l'intérieur de toute forme d'organisation vous permettant une démarche structurante. Il aborde la définition et l'atteinte d'objectifs, avec les forces, faiblesses, la démarche stratégique, les réalités, les options, la visualisation, les outils de stratégie, de process et de risque adaptables à la personne, les signes de reconnaissance, la structuration du temps, la gestion des émotions et l'ancrage des ressources, la position méta, le swish visuel et le deuil avec sa courbe et le geste.

Ce deuxième tome consacré au management individuel est à mettre en parallèle et en complément avec les tomes futures et d'autres booklets mémo dont notamment celui de management collectif ainsi que des Fabliaux du Management et des cartes du management. Vous devrez notamment prendre en compte que chacun(e) d'entre vous les percevra différemment en fonction de ses préférences de fonctionnement, en encore ses zones de confort et d'effort.

Ces planches sont issues de retours d'expériences et d'apprentissages en stratégie, management, coaching de projet comme d'équipes. Elles ne sont pas forcément nouvelles et issues de diverses sources mais recréées, améliorées, assemblées parfois de façon originale et souvent utilisées également de façons décloisonnées en dehors de leur domaine d'emploi d'origine.

Vous pouvez bien entendu lire les publications en relation et suivre nos formations ou accompagnements adaptés voire afin de mieux en comprendre leurs fondements et optimiser leurs applications.

Vous disposez d'une demi-page de notes pour inscrire vos compréhensions et expériences vécues afin de mieux les adapter à votre environnement.

Définition et atteinte d'objectif

NOVIAL

63 Coach & management individuel CMI NOVIAL ® *facilitation en stratégie, management et développement personnel*

Notes

Penser stratégie et tactique OP²AC³Q³

- Quoi ?
- Pourquoi ?
- Quand ?
- Qui ?
- Avec qui ?
- Pour qui ?
- Contre qui ?
- Où ?
- Combien ?
- Comment ?

64 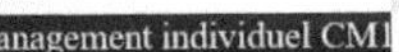

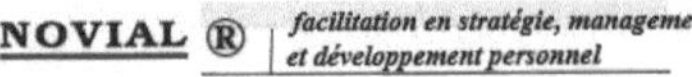

Notes

Un objectif .. Positif !

- Le cerveau assemble des informations pour décrypter une réalité et entend d'abord positivement
- Si on ne peut tourner en positif, y trouver un substitut
  - Ex: je ne veux pas perdre ce contrat dans l'obstacle d'eau = je veux gagner ce nouveau client
- La direction de l'intention
- Description de ce que l'on veut (et non de ce que l'on ne veut pas

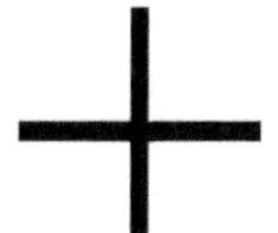

65 Coach & management individuel CMI  NOVIAL ® facilitation en stratégie, management et développement personnel 

Notes

Le bon objectif

G. Définir un OBJECTIF global (GOAL), puis de PERFORMANCE à court et moyen terme

R. Examen de la REALITE et de la situation présente avec recherche d'adéquation

O. Recherche des OPTIONS possibles, des directions, des étapes

W. Définition des ACTIONS (WORKING), plan de travail à entreprendre avec % de chances de réussite

- S pécifique
- M esurable
- A ccessible
- R éaliste R éalisable
- déterminé dans le Temps

- Explicite
- Compris
- Pertinent
- Éthique
- Motivant
- Légal
- Écologique
- Adaptable
- enregistré

Notes

Les outils

D'autres méthodes d'atteinte d'objectifs et leurs questionnement

- PRAQ
  - Prise de conscience
  - Responsabilisation
  - Approbation bottom-up
  - Questionnement
- PLACÉE
  - Pertinents
  - Légaux
  - Adaptés
  - Compris
  - Éthiques
  - Explicites
- POCAREM
  - Positif
  - Observable et vérifiable
  - Contextualisé
  - Atteignable
  - Réalisable
  - Écologique
  - Motivant
- SWOT
  - Strengths (forces)
  - Weaknesses (faiblesses)
  - Opportunities (opportunités)
  - Threats (menaces)
- SCORE
  - Symptomes
  - Causes
  - Objectifs
  - Ressources
  - Effets atteints

67 Coach & management individuel CMI  *facilitation en stratégie, management et développement personnel* 

Notes

Échelle d'objectif 1 à 10 (ex)

Processus ou état à améliorer	État actuel	objectif	délai
P1	6	8	3 mois
P2	6	9	
P3	5	9	
P4	6	9	
P5	5	7	
…..			

Notes

Objectif et analyse d'écart

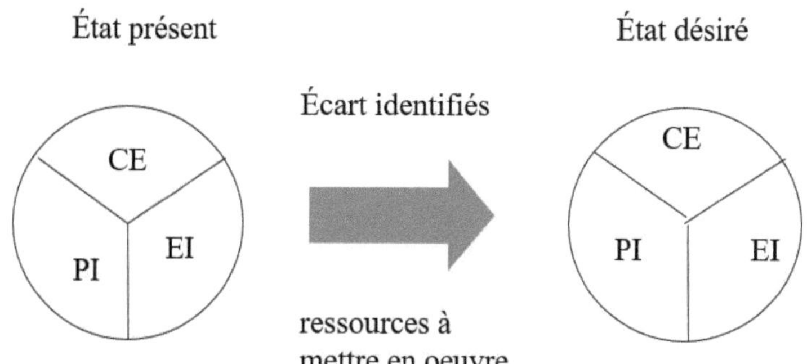

La réalité est une représentation mentale qui peut être modifiée

69 Coach & management individuel CM1 NOVIAL ® *facilitation en stratégie, management et développement personnel* 

Notes

L'analyse SWOT (Strengths, weaknesses, opportunities, threats)

Évolutions clé de l'environnement / Forces et faiblesse					+ / -
Principales forces	+ ++ +		++ + +	+++ + +	6 / 4 / 3 /
Principales faiblesses	--- -- -	--	-- -	-	/ 7 / 3 / 2
+ -	4 6	0 2	2 3	5 1	

Notes

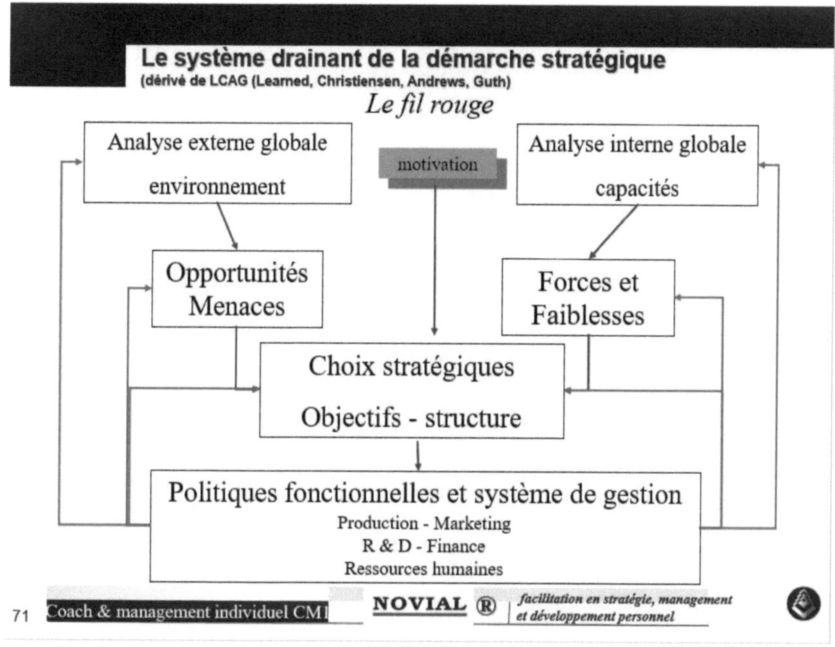
Le système drainant de la démarche stratégique
(dérivé de LCAG (Learned, Christiensen, Andrews, Guth)
Le fil rouge
Analyse externe globale
environnement
motivation
Analyse interne globale
capacités
Opportunités
Menaces
Forces et
Faiblesses
Choix stratégiques
Objectifs - structure
Politiques fonctionnelles et système de gestion
Production - Marketing
R & D - Finance
Ressources humaines
71
Coach & management individuel CMI
NOVIAL ®
facilitation en stratégie, management
et développement personnel

Notes

Le RPBDC pour ne pas se tromper !

- Quelles sont les Réalités ?
- Quel est le Problème ?
- Quel est le Besoin affiché et … réel ?
- Quelle est la Demande affichée et réelle ?
- Quel est le Contrat ?

72 Coach & management individuel CMI NOVIAL ® facilitation en stratégie, management et développement personnel

Notes

Questions sur la réalité

- Que se passe-t-il ?
- Par quoi êtes vous préoccupé ?
- Quelles sont les personnes concernées ? Responsables ? et dans quelle mesure ?
- Qui connaît votre démarche ?
- Quel contrôle avez-vous sur le résultat ?
- Quelles démarches avez-vous déjà effectuées ? Et jusqu'à quelles limites ? Pourquoi ?
- Existe-t-il des obstacles et réticences et en êtes vous conscient ?
- De quelles ressources disposez vous ? Avez-vous besoin ?
- Comment allez vous vous les procurer ?
- Voir les choses telles qu'elles sont avec détachement, prise de recul

73 Coach & management individuel CM1 NOVIAL ® *facilitation en stratégie, management et développement personnel*

Notes

Questions sur les options

- De quelles manières différentes peut-on aborder le projet ?
- Quelles sont les hypothèses de travail et les solutions à grande et petite échelle ?
- Que feriez vous si vous aviez le réel pouvoir de décision ? Si vous pouviez reprendre à zéro avec une nouvelle équipe?
- Quelles sont les avantages et les inconvénients de chacune de vos options ? Laquelle est a priori la mieux adaptée ? La plus séduisante ? La meilleure ?

74 Coach & management individuel CM1 NOVIAL ® *facilitation en stratégie, management et développement personnel* 

Notes

Plan d'action

- Qu'allez vous faire ? (agissez maintenant !)
- Quand ? (avec précisions !)
- Cette action vous permettra d'atteindre votre objectif ? (gardez le cap !)
- Quels obstacles potentiels ? (sans en oublier !)
- Qui a besoin d'être tenu informé ? (passer en revue tous les maillons de la chaîne)
- Qui aidera et comment ?
- Quoi d'autres ?
- Chances de réussite ? (1 à 10)

75 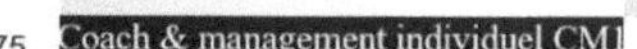

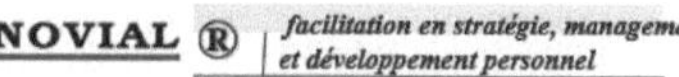

Notes

Questions sur les actions

- Quelles sont les options retenues ? Et pourquoi?
- Quelles sont les critères de mesure du succès ?
- Quels délais précis vous êtes vous accordés ?
- Quels sont les obstacles réels ou potentiels?
- Quelles sont les solutions pour y faire face ?
- Qui est au courant de votre démarche ?
- De quel soutien avez-vous besoin ? Quand ?
- Quelle votre échelle d'engagement et votre situation ? Par rapport à 10 ? Pourquoi ?
- Quoi d'autre ?

76 Coach & management individuel CM1 NOVIAL ® *facilitation en stratégie, management et développement personnel* 

Notes

Échelle d'objectif individuel 1 à 10

Qualités	État actuel	objectif	délai
communiquer	6	8	3 mois
Empathie	6	9	
Patience	5	9	
Enthousiasme	6	9	
Compétences informatiques	5	7	
.....			

77 Coach & management individuel CMI NOVIAL ® *facilitation en stratégie, management et développement personnel*

Notes

Évaluation collective

Qualités	paul	pierre	valérie	moyenne	objectif
communiquer	6	5	5		
Empathie	6	4	8		
Patience	5	8	7		
Enthousiasme	6	7	5		
Compétences informatiques	5	6	8		
.....					

Notes

VISUALISEZ

- Votre objectif est défini, votre chemin est trouvé, les jalons, obstacles et points de ressourcement identifiés...
- Visualisez votre action pour vous mettre dans la dynamique, comme le skieur en haut de la piste de descente

Notes

Les 5S: les règles d'or au Japon applicable pour soi

- Les 5S correspondent aux initiales de 5 règles japonaises permettant optimiser la productivité et la qualité.
- **SEIRI : Débarrasser**
  - Cette opération consiste à garder sur le poste de travail uniquement ce qui est nécessaire et à éliminer tout le reste
- **SEITON : Ranger**
  - Vise à aménager le poste de travail de façon à réduire les gestes inutiles et à diminuer les pertes de temps
- **SEISO : Nettoyer**
  - Le but de l'opération est d'assurer la propreté du poste de travail en éliminant les causes de salissure ou de désordre
- **SEIKETSU : Tenir en ordre**
  - Définition des règles qui permettent de garder le poste de travail en ordre. C'est la synthèse des 3 premières règles.
- **SHITSUKE : Respecter les règles**
  - C'est le rôle de la hiérarchie : le but est d'encourager et soutenir le personnel à adopter et maintenir les bonnes habitudes

80 Coach & management individuel CMI  *facilitation en stratégie, management et développement personnel* 

Notes

Diagramme d'ISHIKAWA (5M) applicable pour soi

- *Les causes sont réparties dans les cinq catégories appelées 5M :*
- **MATIERE**
  - Les ***matières premières***
- **Matériel**
  - Concerne l'***équipement,*** les machines, le matériel informatique, les logiciels, et les technologies.
- **METHODES**
  - Le mode opératoire et la recherche et développement.
- **MAIN D'OEUVRE**
  - Les ressources humaines.
- **MILIEU**
  - L'environnement, le positionnement, le contexte.
- *Chaque branche reçoit d'autres causes ou catégories hiérarchisées selon leur niveau d'importance ou de détail.*
- *Cette simplicité apparente du diagramme permet ainsi l'implication de tous les acteurs de l'entreprise, de l'ouvrier jusqu'au directeur.*
- *Les entreprises de services utilisent une version étendue : c'est le diagramme 7M qui rajoute les catégories Management et Moyens financiers.*

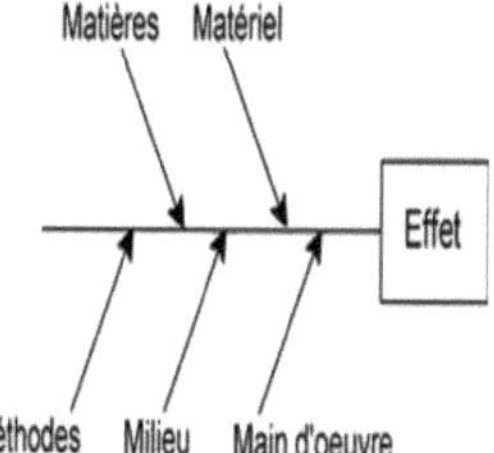

Notes

Utilisation de l'analyse fonctionnelle pour l'Analyse Préliminaire de Risques applicable pour soi

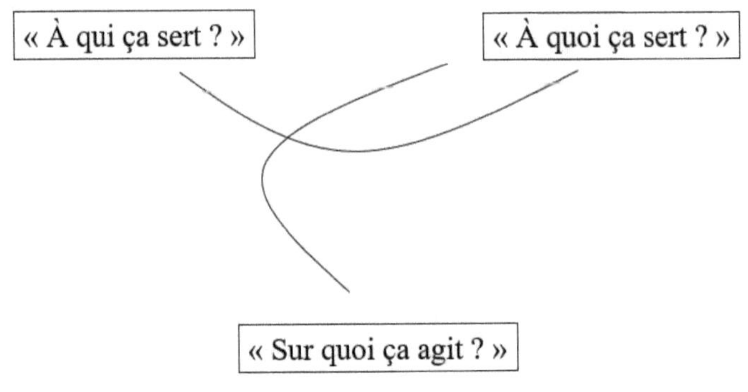

82 Coach & management individuel CMI NOVIAL ® *facilitation en stratégie, management et développement personnel*

Notes

Méthode FAST applicable pour soi

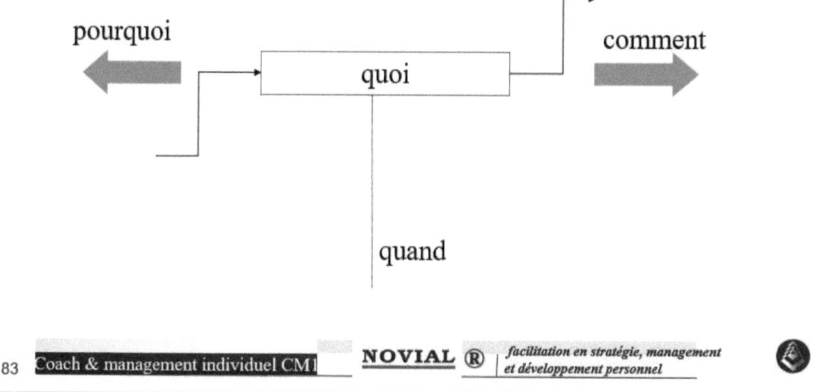

Notes

Méthode SADT applicable pour soi

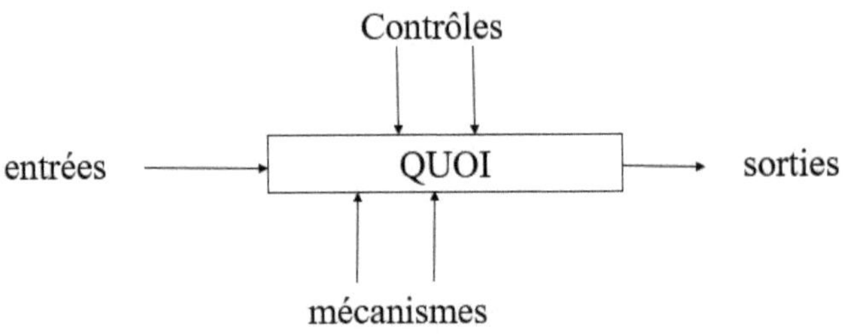

84 Coach & management individuel CM1 NOVIAL ® *facilitation en stratégie, management et développement personnel*

Notes

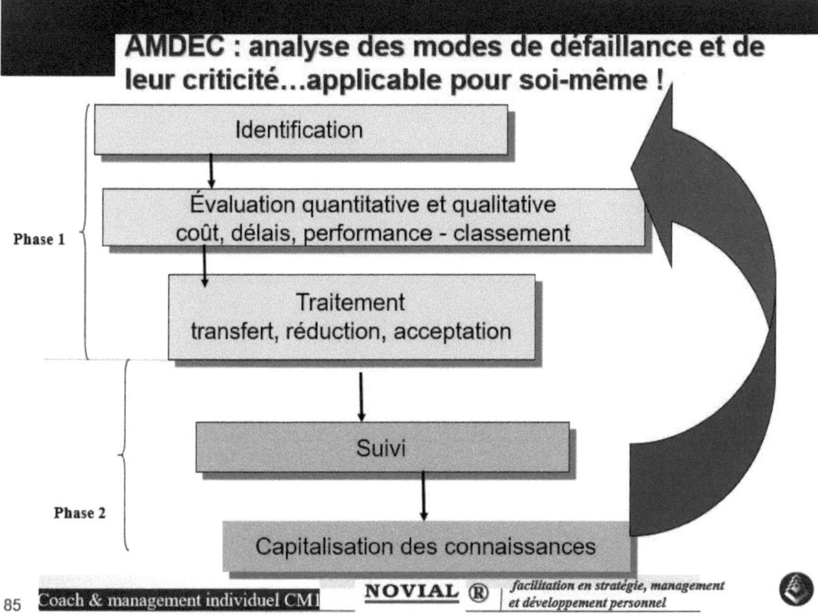
AMDEC : analyse des modes de défaillance et de leur criticité...applicable pour soi-même !
Identification
Évaluation quantitative et qualitative
coût, délais, performance - classement
Phase 1
Traitement
transfert, réduction, acceptation
Suivi
Phase 2
Capitalisation des connaissances
85
Coach & management individuel CM1
NOVIAL ®
facilitation en stratégie, management
et développement personnel

Notes

Evaluation qualitative : probabilité applicable pour soi

Grille d'évaluation de la probabilité :

Probabilité				
Très faible	1		P <	5%
Faible	2	5%	< P <	20%
Moyen	3	20%	< P <	40%
Elevé	4	40%	< P <	60%
Très Elevé	5	60%	< P	

Notes

Evaluation qualitative personnelle : coût, délais, performance Grille d'impact en coût/délai/performance

Niveau	Impact en coût sur le				Cotation
Très faible	Coût. :	<=	0,1%C			1
Faible	Coût. :	<=	0,3%C	>	0,1%C	2
Moyen	Coût. :	<=	0,5%C	>	0,3%C	3
Élevé	Coût. :	<=	1%C	>	0,5%C	4
Très élevé	Coût. :			>	1%C	5

C : coût de conception et réalisation

Niveau	Impact en délai sur le					Cotation
Très faible	Délai. :	<=	1%T			1
Faible	Délai. :	<=	3%T	>	1%T	2
Moyen	Délai. :	<=	5%T	>	3%T	3
Élevé	Délai. :	<=	10%T	>	5%T	4
Très élevé	Délai :			>	10%T	5

T : durée initiale de stade de réalisation

Niveau	Impact en performance	Cotation
Très faible	Plusieurs performances souhaitables impactées	1
Faible	Plusieurs performances importantes impactées	2
Moyen	Fonction importante dégradée ou non réalisée	3
Elevé	Au moins une performance primordiale impactée	4
Très élevé	Au moins une fonction primordiale impactée	5

87 Coach & management individuel CM1 NOVIAL ® facilitation en stratégie, management et développement personnel

Notes

Évaluation qualitative: criticité de soi

- Positionner chaque risque en fonction de sa probabilité d'occurrence et de son impact

Criticité =Combinaison de la Probabilité et Impact (coût, délai, performances)]					
Probabilité d'occurrence	Impact				
	1 Très faible	2 Faible	3 Moyen	4 Élevé	5 Très élevés
1 Très faible	Mineure	Mineure	Mineure	Mineure	Tolérable
2 Faible	Mineure	Mineure	Tolérable	Tolérable	Significative
3 Moyen	Mineure	Tolérable	Tolérable	Significative	Critique
4 Élevé	Mineure	Tolérable	Significative	Critique	Inacceptable
5 Très élevés	Tolérable	Significative	Critique	Inacceptable	Inacceptable

Notes

Les signes de reconnaissance

NOVIAL

89 Coach & management individuel CM1 NOVIAL ® *facilitation en stratégie, management et développement personnel*

Notes

Stimulation et signes de reconnaissance (ou stroke)

- Verbaux ou non verbaux
- Positifs ou négatifs
- Conditionnels ou inconditionnels
- Externes ou internes

Un manque affectif dès l'enfance et un manque de stimulation se ressentiront toute notre vie et nécessiteront davantage de travail d'adaptation

90 Coach & management individuel CM1 NOVIAL ® facilitation en stratégie, management et développement personnel

Notes

La nature des signes de reconnaissance

- Conditionnels
  - sur des faits précis
  - « vous jouez bien »
  - «Vous êtes à l'heure et j'apprécie »
  - « Ce parcours bâclé »
  - « vous avez fait trois putts »

- Inconditionnels
  - sur la globalité d'un ressenti
  - «je t'apprécie comme tu joues»
  - « J'aurais mieux fait de ne jamais jouer ni te rencontrer »
  - Si vous n'êtes pas content, allez voir ailleurs

91 Coach & management individuel CMI  *facilitation en stratégie, management et développement personnel* 

Notes

Reconnaissance externe et interne

- Certaines personnes fonctionnent en **reconnaissance externe** : c'est l'extérieur, leurs pairs, leur hiérarchie, leurs proches qui vont les nourrir de reconnaissance.
- Ils sont donc très sensibles aux marques extérieures qu'on leur porte, à leur statut social, professionnel, à leur avancement.

- D'autres personnes fonctionnent plutôt en **reconnaissance interne**: elles ont une faculté à reconnaître leurs actions, leur valeur, leurs traits de génie.

Académie du coaching

facilitation en stratégie, management et développement personnel

Notes

Reconnaissance ? Pour faire quoi ?

- Quelle est ma façon d'obtenir de la reconnaissance?
- Qu'est-ce que je fais de la reconnaissance cherchée et obtenue (ou non obtenue) ?
- Savoir :
  - La recevoir (pas forcément évident)
  - La demander (si justifiée)
  - La refuser (si trop positif ou en apparence superficiel)
  - La donner
  - Se la donner !!

 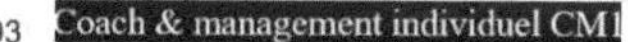

Notes

Quelle est ma façon d'obtenir de la reconnaissance?

- je cherche une approbation
- je fais savoir que je suis le meilleur
- je prends la parole et interromps l'autre pour faire savoir que je suis l'expert en mon domaine
- je manie l'humour
- je me présente en me dévalorisant
- je séduis
- j'agresse
- je me mets en retard
- j'étonne
- je raconte des blagues
- je prends l'air triste

Académie du coaching

94 Coach & management individuel CMI NOVIAL ® facilitation en stratégie, management et développement personnel

Notes

Qu'est-ce que je fais de la reconnaissance cherchée et obtenue (ou non obtenue) ?

- Lorsque l'on me donne des signes de reconnaissance, est-ce que je les remarque, est-ce que cela me fait du bien, est-ce que je trouve cela normal ou est-ce que je n'en tiens pas compte parce que je les trouve inapproprié. Est-ce que je m'en méfie?
- De qui est-ce que j'attends le plus de signes de reconnaissance? Est ce que cette, ces personnes m'en donnent? (Vous pouvez explorer cette question, dans votre vie professionnelle, dans votre vie privée)
- Lorsque je ne reçois aucun signe de reconnaissance comment est-ce que je me sens ?
- Si je recevais plus de signes de reconnaissance dans ma vie... (sentir et écrire quels changements interviendraient dans votre vie)
- Qu'est-ce que j'aimerais entendre comme paroles de reconnaissance concernant mon travail, mes qualités professionnelles ? (détailler)
- Est-ce difficile pour moi de donner des signes de reconnaissance à mes collaborateurs?

Notes

La structuration du temps

NOVIAL

96 Coach & management individuel CM1 **NOVIAL** ® *facilitation en stratégie, management et développement personnel*

Notes

Votre PR²AJI est-il équilibré ?

- Passe-temps
  - bavardages non impliquant, sur une actions sans s'y engager, sans jouer
  - prendre un café puis… « … on s'y remet ? » « on y retourne ? »
- Retrait
  - physique ou mental du contact avec les autres, souvent par besoin de repos ou de concentration
- Rituels
  - sociaux courants quasi programmés (dire bonjour …)
  - Lors de l'activité, être vigilant sur les règles de comportement de l'entreprise
  - Après le travail : ranger ses affaires, couper l'ordinateur, éteindre la lumière !
- Activité
  - échange d'information avec concentration de l'énergie pour atteindre un but
- Jeux
  - d'apparence socialement correctes mais négatives cachées, manipulation émotionnelle
  - « alors ce voyage au Maroc ?! » (toujours en vanaces celui-là…)
  - risque d'être pris dans l'engrenage de deux joueurs
- Intimité
  - franche, authentique, sans message caché : « j'ai un problème avec toi, je ne peux communiquer, je voulais que tu le saches… »
  - besoin d'un moment de retrait dès qu'elle est vécue

97 Coach & management individuel CM1 NOVIAL ® *facilitation en stratégie, management et développement personnel*

Notes

Comment est constitué mon meuble de vie ? Ai-je encore toutes les clés ?

MOI, avant...après | **LES AUTRES**

% travail

% affectif

% loisir

% ....

98 Coach & management individuel CMI NOVIAL ® *facilitation en stratégie, management et développement personnel*

Notes

Gestion des émotions
et ancrage de ressources

NOVIAL

99 Coach & management individuel CM1 NOVIAL ® *facilitation en stratégie, management et développement personnel*

Notes

Recadrages et ancrages

- Et si…
  - J'étais sur une plage, calme, non stressé ?
  - J'étais au chaud au soleil et non sous cette pluie fine qui me glace ?
  - J'étais dans la même situation que lorsque j'ai gagné ce contrat ?
  - J'étais … mieux classé ?
- Comment ferais-je ?
- Ancrages
  - Visuels
  - auditifs
  - Kynestésiques
- Un nom par ancrage
- Entretien permanent

Notes

Les niveaux logiques

A / R

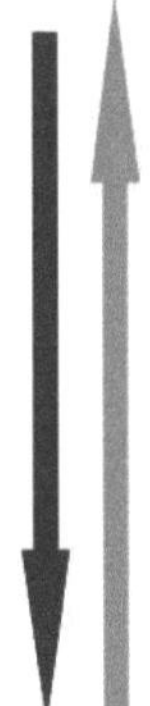

Niveau	Questions (possibilité d'utiliser le swot)
Environnement	Où et quand ai-je envie d'atteindre mon objectif ?
Comportements	Quels comportements dois-je mettre en œuvre dans cet environnement ? Que dois-je faire ?
Compétences, capacités	Que quoi ai-je besoin ? Qu'est ce qui m'aidera ? Comment m'y prendre pour atteindre cet objectif ?
Croyances, valeurs	Pourquoi l'atteindre ? Quelles sont les valeurs que je respecte ? Qu'est ce qui est important en le faisant ?
Identité de rôle, mission	Qui suis-je devenu en réalisant cet objectif ? Ai-je une mission ? Quelle métaphore serait appropriée?
Identité intégrée	suis je le seul concerné ? Quelle est ma vision désormais ? Quel sens cela apporte-t-il ?

ancrage

101 Coach & management individuel CM1 NOVIAL ® *facilitation en stratégie, management et développement personnel*

Notes

La position « méta »

NOVIAL

102 Coach & management individuel CM1 NOVIAL ® *facilitation en stratégie, management et développement personnel*

Notes

La position META

- Percevoir à la fois
  - la personne du coaché
  - Mais aussi soi-même en train de coacher

Notes

Les trois positions de perception

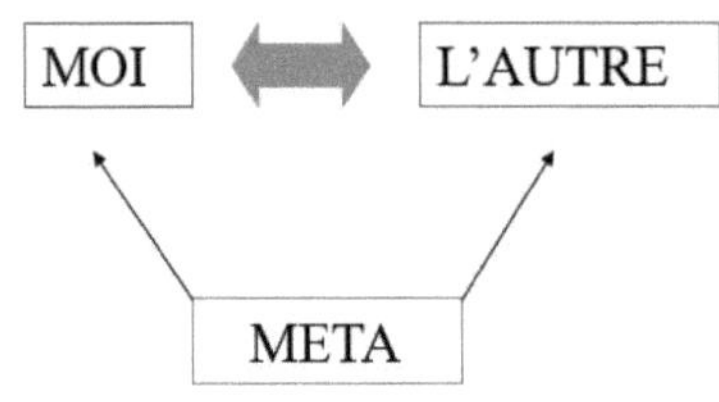

- Trop centré sur soi : risque de transformer ses frontières personnelles en blockhaus = non échange, non communication
- Trop centré sur l'autre : risque de perdre ses frontière et « fusionner » avec l'autre
- META : observateur de moi, de l'autre, de la relation, à égale distance des deux autres personnes = permet d'évaluer le déroulement et si besoin de … METACOMMUNIQUER

104 Coach & management individuel CM1 NOVIAL ® facilitation en stratégie, management et développement personnel

Notes

Méta communication

- « temps mort » (sport) de mise au point
- Quel jeu jouons nous ? Bas les masques
- joke !
- est-ce que par hasard…
- …
-

Courage de « l'ici et maintenant »

105 Coach & management individuel CM1 NOVIAL ® *facilitation en stratégie, management et développement personnel*

Notes

Le swish visuel

NOVIAL

106 Coach & management individuel CMI **NOVIAL** ® *facilitation en stratégie, management et développement personnel*

Notes

Donner au cerveau une image attrayante pour réussir

- Chasser une image négative potentielle ou existante par la propulsion d'une image positive, valorisante et grandissante
- Pour accomplir une tâche, affronter ou contourner un obstacle…
- Switch oculaire et gestuel Ajouter un ancrage gestuel, auditif et/ou kinesthésique

107 Coach & management individuel CMI NOVIAL ® facilitation en stratégie, management et développement personnel

Notes

LE DEUIL

NOVIAL

Notes

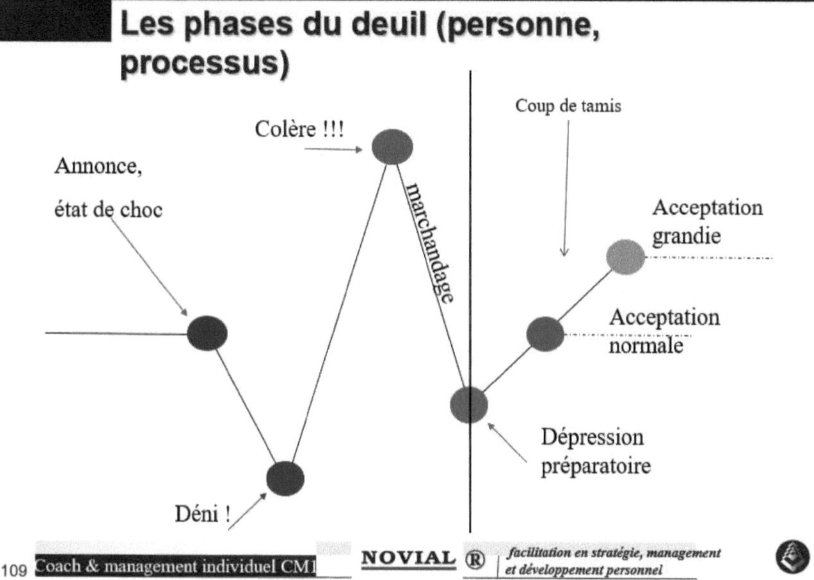
Les phases du deuil (personne, processus)
Coup de tamis
Colère !!!
Annonce,
état de choc
marchandage
Acceptation grandie
Acceptation normale
Dépression préparatoire
Déni !
109 Coach & management individuel CM1
NOVIAL ®
facilitation en stratégie, management et développement personnel

Notes

Les phases de deuil

- Doivent être toutes vécues
- Perte d'un contrat, d'un client, d'un projet, d'une identité en cas de fusion, d'une promotion…
- État de choc : physique, émotionnel, mental, alimentaire..
- Déni : ils ont du se tromper, pourquoi ? …
- Colère : vers l'extérieur ou contre soi
- Marchandage : et si on réécrivait l'histoire…
- Dépression préparatoire : accepter la réalité
- Acceptation : apprendre à vivre avec

110 Coach & management individuel CM1  facilitation en stratégie, management et développement personnel 

Notes

POUR FINIR LE DEUIL : Le COUP DE TAMIS pour ne garder que ce qu'il y a de bon (pour séparer le bon grain de l'ivraie (Luc,II,15)

En ayant soin de bien choisir sa grille !

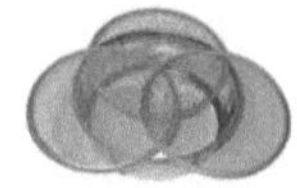

111 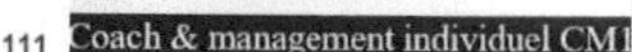

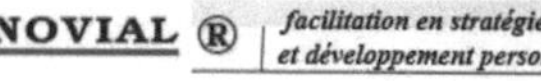

Notes

Le geste du deuil

- Comme un « reset » d'ordinateur
- Éteignez, rallumez et regénérez votre cerveau comme en phase de sommeil
- Faites le geste des phases de deuil, comme une mesure de musique, et passez le sur la tâche ou l'obstacle, puis regardez ce qu'il reste à exploiter dans le tamis !

Notes

Dans la même collection

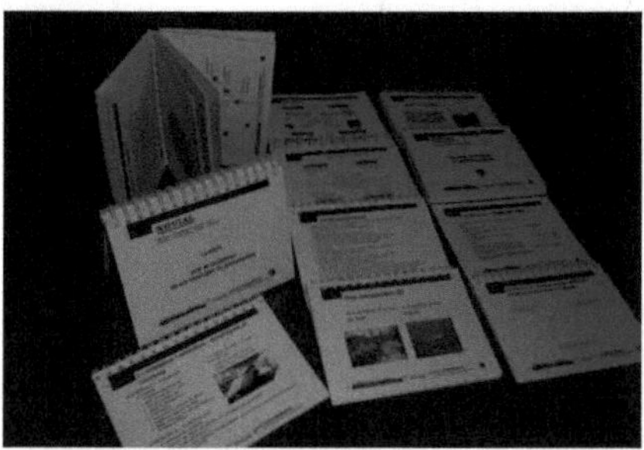

- Distribués lors des formations ou des accompagnements, ces « booklets mémos » ® sont réalisés au format de poche (10x14 avec couverture plastifiée et papier 120g) pour une mise en pratique permanente et efficace des méthodes au bureau, lors de vos déplacements ou de vos loisirs pour les golfeurs (voir Golf & Type et Golf & Brain).
- Devant leur succès, ils sont également distribués en vente seule.

- □ Coach & Management individuel ®
- □ Coach & Management collectif ®
- □ Coach & Risk (CR) ®
- □ Coach & Job (CJ) ®
- □ les fabliaux du management ®
- □ les typologies de morphopsychologie ®
- □ la Process Communication
- □ les outils de facilitation de processus ®
- □ Coach & Négo (CN) ®
- □ Approche Client & facteur humain (CAC) ®
- □ Coach & Crises (CCI) ®
- □ Intelligence Economique & facteur humain (CIE) ®
- □ le MBTI
- □ l'Ennéagramme
- □ Golf & Type ® □ Golf & Brain ®
- □ les outils de facilitation de politique générale ®

215 Coach & management individuel CM1 NOVIAL ® *facilitation en stratégie, management et développement personnel*

Notes

NOVIAL © *INSTITUTE*

facilitation stratégique et opérationnelle

Coaching individuel et d'équipes - Conseil - Formation
12 rue du Port 21130 LES MAILLYS

Tel : 00 33 (0) 9 71 00 46 40 - 03 80 57 38 42

Tel : 00 33 (0)6 23 19 56 05

contact@novialgroup.fr www.novialgroup.fr

Printed by Books on Demand GmbH, Norderstedt / Germany